1874 février 9

# VENTE

DE FEU

# CÉLESTIN NANTEUIL

# CATALOGUE

DES

# AQUARELLES

DESSINS, ETUDES PEINTES, LITHOGRAPHIES, ETC.

PAR FEU

# CÉLESTIN NANTEUIL

*TAPISSERIES ET OBJETS DIVERS*

DONT LA VENTE AURA LIEU

HOTEL DROUOT, SALLE N° 2

*Les Lundi 9 et Mardi 10 Février 1874*

A deux heures précises.

COMMISSAIRES-PRISEURS :

Me CHARLES PILLET, 10, rue de la Grange-Batelière.
et Me BELLIOT, 48, boulevard Voltaire.

EXPERTS :

| *Pour les Tableaux,* | *Pour les Objets d'Art,* |
|---|---|
| M. DURAND-RUEL, | M. CHARLES MANNHEIM, |
| 16, rue Lafitte. | 7, rue Saint-Georges. |

*Chez lesquels se trouve le présent Catalogue.*

## EXPOSITIONS

*PARTICULIÈRE :* LE SAMEDI 7 FÉVRIER 1874.
*PUBLIQUE :* LE DIMANCHE 8 FÉVRIER 1874.

De une heure à cinq heures.

# CONDITIONS DE LA VENTE.

---

Elle sera faite au comptant.

Les adjudicataires payeront *cinq pour cent* en sus des enchères.

---

Paris. — Typ. PILLET fils aîné, rue des Gr.-Augustins, 5.

# DÉSIGNATION

## ITALIE

1 — Copie d'après Tiepolo. Venise.
Aquarelle.

2 — Copie d'après Tiepolo. Venise.
Aquarelle.

3 — Copie d'après Tiepolo. Venise.
Aquarelle.

4 — Le grand Canal. Venise.
Mine de plomb.

5 — Statue équestre. Venise.
Mine de plomb.

6 — Un Quai intérieur. Venise.

Mine de plomb.

7 — Rue et pont. Venise.

Mine de plomb.

8 — Vue de Florence.

Fusain.

9 — Bords de l'Arno. Florence.

Fusain.

10 — Le Marché. Florence.

Fusain.

11 — Florence. Vue prise de Boboli.

Fusain.

12 — Jardins Boboli. Florence.

Fusain.

13 — Santa Croce. Florence.

Fusain.

14 — Jardins Boboli. Florence.

Fusain.

15 — San-Remo. Florence.

Fusain.

16 — Marchande de fleurs. Florence.

Fusain.

17 — Environs de Florence.

Fusain.

18 — La Trinité des Monts. Rome.

Aquarelle.

19 — Le Ghetto. Rome.

Aquarelle.

20 — Ponte Salara. Rome.

Aquarelle.

21 — Via Appia. Rome.

Aquarelle.

22 — Vue de Rome prise de la villa Medici.

Fusain.

23 — Bords du Tibre. Rome.

Fusain.

24 — Temple de Vesta. Rome.

Aquarelle.

25 — Rue montante à Rome.

Aquarelle.

26 — Une rue montante. Rome.

Aquarelle.

27 — Temple de Minerve. Rome.

Aquarelle.

28 — San Pietro in vincoli. Rome.

Aquarelle.

29 — Via Appia. Rome.

Aquarelle.

30 — Une rue du Transtevère. Rome.

Aquarelle.

31 — Transteverin. Rome.

Aquarelle.

32 — Maisons au Transtevère.

Aquarelle.

33 — Une Famille au Transtevère.

Aquarelle.

34 — Transtevèrine.

Aquarelle.

35 — Une Marchande. Type romain.

Aquarelle.

36 — Paysans romains endormis.

Aquarelle.

37 — Fidriana. Jeune fille romaine.

Aquarelle.

38 — Enrichetta. Type romain.

Aquarelle et gouache.

39 — Guerrier romain dans une prison.

Fusain.

40 — Campagne de Rome.

Aquarelle.

41 — Campagne de Rome. Le Tibre.

Aquarelle.

42 — Campagne de Rome.

Aquarelle.

43 — Types romains. Études au Transtevère. Sept croquis.

Aquarelle.

44 — Dix costumes romains.

Aquarelle.

45 — Vue de Rome. Bas du Tibre.

Fusain.

46 — Ponte Saliaro. Rome.

Fusain.

47 — Vallée Egérie. Rome.

Fusain.

48 — Santa Elloa. Rome.

Fusain rehaussé.

49 — Transtevère. Rome.

Fusain.

50 — Environs du Forum.

Mine de plomb.

51 — Jardin Borghèse. Rome.

Fusain.

52 — Ponte Lamertana. Rome.

Fusain.

53 — Stella. Rome.

Fusain rehaussé.

54 — Jacintha. Rome.

Fusain rehaussé.

55 — Enrichetta. Rome.

Fusain.

56 — Maria. Type romain.

Fusain rehaussé.

57 — Marchands dans une ruine. Rome.

Fusain.

58 — Études à Rome. Deux croquis.

Fusain et mine de plomb.

59 — Villa Medici. Rome. Deux croquis.

Mine de plomb et fusain.

60 — Une Romaine.

Fusain.

61 — Bandit romain.

Fusain.

62 — Paysan romain.

Fusain.

63 — Evêques.

Fusain.

64 — Italienne. Campagne de Rome.

Fusain.

65 — Berger endormi. Environs de Rome.

Fusain.

66 — Étude d'arbre et rochers. Environs de Rome.

Fusain.

67 — Aqueduc sur le Tibre. Environs de Rome.

Fusain.

68 — Les Pins francs. Italie.

Aquarelle.

69 — Ruines et baigneuse. Italie.

Aquarelle.

70 — Rochers et Pins francs au bord de la mer.

Aquarelle.

71 — Ville au bord de la mer. Italie.

Aquarelle.

72 — Petits arbres. Étude.

Aquarelle.

73 — Gorge et torrent.

Aquarelle.

74 — Pins et arbres verts. Italie.

Aquarelle.

75 — Montagnes et lacs. Trois études.

Aquarelle.

76 — Ruines en Italie.

Aquarelle et fusain.

77 — Ruines et marc. — Italie.

Aquarelle gouachée.

78 — San Remo. Italie.

Fusain.

79 — Turbia. Italie.

Fusain.

80 — Environs de Gênes.

Fusain.

81 — Environs de Gênes.

Fusain.

82 — Un Marchand de cierges. Italie.

Fusain.

83 — Ferme en ruine. Italie.

Fusain.

84 — Fiesole. Italie.

Fusain.

85 — Etude de montagnes. Bolsena.

Mine de plomb.

86 — Chemin montant et rochers. Italie.

Fusain.

87 — Vieux moulin. Italie.

Fusain.

88 — San-Germano. Italie.

Fusain.

89 — Pin franc au milieu de ruines.

Aquarelle.

90 — Baigneuse au bord d'un lac. Italie.

Aquarelle.

91 — Eau courante dans les rochers.

Aquarelle.

92 — Pins francs. Italie.

Aquarelle.

93 — Gorges dans les montagnes. Italie.

Aquarelle.

94 — Eglise et quai. Italie.

Aquarelle.

95 — Cascade. Italie.

Aquarelle.

96 — Bords de mer. Méditerranée.

Aquarelle.

97 — Bergère sous des pins francs au bord de la mer.

Aquarelle.

98 — Musiciens italiens dans la campagne.

Aquarelle.

99 — Paysanne italienne. Étude.

Aquarelle.

100 — Paysan italien. Étude.

Aquarelle.

101 — Tête de jeune garçon. Étude.

Aquarelle.

102 — Ischia. Jeune fille.

Fusain rehaussé.

103 — Pins francs et roches. Étude.

Mine de plomb.

104 — Pins francs. Étude.

Mine de plomb.

105 — Paysage. Italie.

Crayon

106 — Pins francs. Étude.

Mine de plomb.

107 — Vues d'Italie. Deux études.

Aquarelles.

## ESPAGNE

108 — Calle del Carmen. Madrid, 10 juillet 1854.

Dessin.

109 — 20 juillet 1854 Madrid.

Dessin.

110 — 20 juillet 1854. Madrid.

Dessin.

111 — 20 juillet 1854. Madrid.

Croquis.

112 — 21 juillet 1854. Madrid.

Deux croquis.

113 — L'Incendie. Madrid.

Dessin.

114 — El Alcazar en Toledo.

Dessin.

115 — Cádiz.

Dessin.

116 — Al Prado.

Dessin.

117 — Beber vino de Valdepeñas.

Dessin.

118 — Una Sevillana.

Dessin.

119 — Al Rastro.

Dessin rehaussé.

120 — A dos quartos las naranjas.

Dessin rehaussé.

121 — Mercadera de flores.

Dessin.

122 — Al Balcon.

Dessin.

123 — Un perro.

Dessin.

124 — Alicante.

Dessin.

125 — Cerro de Cardona.

Dessin.

126 — Hacer el ojo.

Dessin.

127 — Una linda Joven.

Dessin.

128 — Aguadora.

Dessin.

129 — Muy facil !

Dessin.

130 — Elche.

Dessin.

131 — Señoras en Cádiz.

Dessin.

132 — Valencianos.

Dessin.

133 — Una Valenciana.

Dessin.

134 — L'Accroche-cœur.

Dessin.

135 — Pobr cito.

Fusain rehaussé.

136 — Palmiers à Séville.

Dessin rehaussé.

137 — La Tocada del Abanico.

Dessin.

138 — Los puercos en Toledo.

Dessin.

139 — El Torrente de Elche.

Dessin.

140 — Mujer.

Dessin.

141 — El trajo en Toledo.

Dessin.

142 — Mayoral.

Dessin.

143 — Despacho de Vino.

Dessin.

144 — Losetta.

Dessin.

145 — Una hermosa caballera.

Dessin rehaussé.

146 — Puerta al mercado del Rastro.

Dessin.

147 — Sur la terrasse. Cadix.

Dessin.

148 — El castillo de Toledo.

Dessin.

149 — Una ventana calle del Olivo.

Dessin.

150 — Sepulero de Scipione.

Dessin.

151 — Dios lo pagara à V.

Dessin.

152 — Una casa en Cordova.

Dessin.

153 — El cafe del Espejo.

Dessin.

154 — Un hombre.

Aquarelle.

155 — Una señora.

Dessin.

156 — El Escorial.

Dessin.

157 — Casa para dormir.

Dessin rehaussé.

158 — Trabajadores.

Dessin.

159 — Elche.

Dessin.

160 — Quatre croquis. Types.

Dessins.

161 — La Venta.

Croquis.

162 — Deux croquis. Espagne.

Dessin.

163 — Deux croquis. Espagne.

164 — Trois croquis.

## AQUARELLES & DESSINS

DIVERS

165 — Pâtre assis sur un rocher et jouant de la flûte.

Aquarelle.

166 — Petit pêcheur assis sur un rocher.

Aquarelle.

167 — Jeune chasseur Louis XI et chiens.

Aquarelle.

168 — Pâtre assis sur un arbre et jouant de la flûte.

Aquarelle.

169 — Pointes rocheuses des lions de mer. Saint-Raphaël.

Aquarelle.

170 — Torrent écumeux.

Aquarelle.

171 — Petit torrent écumeux.

Aquarelle.

172 — Marée basse. Étude.

Aquarelle.

173 — Pont de rocher sur un torrent.

Aquarelle.

174 — Tonnelle. Étude.

Aquarelle.

175 — Troupeau de bœufs passant un pont. Soleil couchant.

Aquarelle.

176 — La Source.

Aquarelle.

177 — La Rêverie. Capri.

Aquarelle.

178 — Fontaine à Capri.

Aquarelle.

179 — Le Lac.

Aquarelle.

180 — Pont de bois sur un torrent.

Aquarelle.

181 — Étude de terrains et rochers.

Aquarelle.

182 — Moulin à eau en ruines.

Aquarelle.

183 — Petit pont sous bois.

Aquarelle.

184 — Chute d'eau et village.

Gouache.

185 — Jeune femme dans un bois.

Aquarelle.

186 — Bohémiens.

Aquarelle.

187 — Salon de conversation à Divonne.

Aquarelle.

188 — Intérieur de ferme.

Aquarelle.

189 — Forêt.

Aquarelle.

190 — Orangers et roches.

Aquarelle.

191 — Arbre mort au bord de la mer.

Aquarelle.

192 — Étude de ciel et terrain.

Aquarelle.

193 — Vieux remparts de Véronne.

Aquarelle.

194 — Promenade en bateau.

Aquarelle.

195 — Chiens de chasse au repos.

Aquarelle.

196 — Source dans les rochers.

Aquarelle.

197 — Saules.

Aquarelle.

198 — Faune et Bacchante.

Aquarelle.

199 — Rochers. Forêt de Fontainebleau.

Aquarelle.

200 — Moine en prière.

Fusain.

201 — Pêcheur dans une barque.

Fusain.

202 — Pêcheur dans une barque. Saules.

Fusain.

203 — **Braconnier à l'affût.**

Fusain.

204 — La Martyre.

Fusain.

205 — Petits Faunes jouant de la flûte.

Mine de plomb.

206 — Petit pêcheur sur une roche.

Crayon noir.

207 — Jeune fille assise près d'un étang.

Crayon noir.

208 — Petit Berger couché.

Fusain.

209 — Personnages dans une forêt.

Crayon noir.

210 — Vue de Capri.

Fusain rehaussé.

211 — **Maisons** à Capri.

Aquarelle.

212 — Composition pour Don Quichotte.

Sépia.

213 — Côte de Monaco.

Aquarelle.

214 — Paysage.

Sépia colorée.

215 — Costumes de femmes. Étude.

Aquarelle.

216 — Entrée de forêt.

Aquarelle.

217 — Chênes et terrains rocheux.

Aquarelle.

218 — Montagnes et lac. Étude.

Aquarelle.

219 — Grands arbres et marais. Étude.

Aquarelle.

220 — Étude. Paysage.

Aquarelle.

221 — Chaîne de montagnes.

Aquarelle.

222 — Petit paysage.

Aquarelle.

223 — Chênes sans feuilles.

Aquarelle.

224 — Jeune femme cueuillant des fleurs. Étude.

Aquarelle.

225 — Trois études de maisons et rochers.

Aquarelle.

226 — Carrières et maisons. Trois études.

Aquarelle.

227 — Vieux moulin à eau.

Sépia.

228 — Maisons dans la montagne.

Aquarelle gouachée.

229 — Étude de roches. Forêt de Fontainebleau.

Fusain.

230 — Étude de rochers et forêt.

Fusain.

231 — Un Buveur. Environs de Marseille.

Fusain.

232 — Pêcheur dans un paysage.

Fusain.

233 — Troncs d'arbres. Étude.

Fusain.

234 — Petit pont de pierre. Étude.

Fusain.

235 — Paysage.

Fusain.

236 — La Fontaine de Jouvence. Sujet d'éventail.

Fusain.

237 — Les Cinq sens. Sujet d'éventail.

Fusain.

238 — Jeune fille vendant des plaisirs aux Amours.

Sanguine.

239 — Forêt à Royat.

Aquarelle.

240 — Maisons à Royat.

Sépia.

241 — Etude d'arbres et rochers près Royat.

Mine de plomb.

242 — Montagnes près Royat.

Crayon noir.

243 — Maison à Royat.

Mine de plomb.

244 — Rochers et arbres à Royat.

Aquarelle.

245 — Source sous bois à Royat.

Mine de plomb.

246 — Un figuier à Royat.

Mine de plomb.

247 — Une rue à Royat.

Fusain.

248 — Vue de Royat.

Mine de plomb.

249 — Roches et arbres à Royat.

Mine de plomb.

250 — Etude d'eau et rochers. Royat.

Mine de plomb.

251 — Vieux moulin à Royat.

Mine de plomb.

252 — Vue de Thiers. Auvergne.

Mine de plomb.

253 — Intérieur de maison rustique à Thiers.

Mine de plomb.

254 — Vue de Thiers en Auvergne.

Mine de plomb.

255 — Pont en ruine et moulin à Thiers.

Mine de plomb.

256 — Pont de pierre à Thiers.

Mine de plomb.

257 — Vue de Thiers. Auvergne.

Mine de plomb.

258 — Paysans bretons.

Deux aquarelles.

259 — Jeune Breton au bord de la mer.

Fusain rehaussé.

260 — Un Breton.

Sanguine.

261 — Une Bretonne. Etude.

Fusain rehaussé.

262 — Mendiant breton. Etude.

Fusain.

263 — Fileuse bretonne.

Fusain.

264 — Berger breton. Étude.

Sanguine.

265 — Berger breton, vu de dos. Étude.

Fusain.

266 — Enfants bretons sur un port en ruines.

Fusain.

267 — Pêcheur. Le matin.

Fusain.

268 — Sentier rocheux en forêt.

Fusain.

269 — Paysanne dans un intérieur rustique.

Fusain.

270 — Aqueduc. Étude.

Crayon noir.

271 — Alchimiste. Étude.

Fusain.

272 — Berger sur un tertre élevé.

Fusain.

273 — **Petite mendiante. Étude.**

Fusain.

274 — Bateaux échoués. Esquisse.

Aquarelle.

275 — Étude de rochers.

Aquarelle rehaussée de blanc.

276 — Paysages. Deux études.

Aquarelle.

277 — Le Baiser de Judas. D'après Van Dyck.

Dessin au crayon noir.

278 — Sous ce numéro seront vendues soixante Études fusain à mine de plomb : Paysages.

Ce lot sera divisé.

279 — Cent cinquante Dessins. Croquis fusain. Études.

Seront divisés.

280 — Trente Calques divers.

281 — Vingt-trois Croquis.

Dessins et aquarelles.

Seront divisés.

## ÉTUDES PEINTES

282 — Un Pêcheur.

283 — La Fabrique de tapisseries. D'après Velasquez.

284 — Las Meninas. D'après Velasquez.

285 — Le Serpent d'airain. Copie d'après Rubens.

286 — Vierge et Enfant. Copie d'après Guerchin.

287 — Famille flamande. Copie d'après Jordaens.

288 — Enlèvement. Copie d'après le Tintoret.

289 — Los Borrochos. Copie d'après Velasquez.

290 — Une Kermesse. Copie d'après Rubens.

291 — Paysages et chasseurs. D'après Rubens.

292 — Prédication. Copie d'après le Tintoret.

293 — Naissance de la Vierge. D'après Murillo.

294 — Martyre de san Bartholomeo. D'après Ribera.

295 — Bacchanale. D'après Titien.

296 — Suzanne. D'après le Guerchin.

297 — Pèlerins d'Emmaüs. D'après Rubens.

298 — Buveur. D'après Téniers.

299 — Environ vingt-cinq Études peintes.
Seront divisées.

## LITHOGRAPHIES & GRAVURES

300 — Trois Épreuves uniques.

Eaux-fortes.

Premiers essais de C. Nanteuil.

301 — Environ trente-cinq Épreuves d'après Bida.

Gravures à l'eau-forte pour les Évangiles.

302 — Buveurs. D'après Titien.

303 — Seuls.

304 — Baiser de Judas. D'après Van Dyck.

305 — Espérances.

306 — Souvenirs.

307 — Buveur. D'après Téniers.

308 — Mort du Brigand. D'après Delacroix.

309 — Baigneuses. D'après Decamps.

310 — Tentation.

311 — Los Borrachos. D'après Velasquez.

312 — L'Écu de France. D'après Isabey.

313 — Las Meninas. D'après Velasquez.

314 — L'Embuscade. D'après Guignet.

315 — Derniers beaux jours. D'après Français.

316 — Le Porte-drapeau. D'après Robert Fleury.

317 — Ils y laissent leurs plumes.

318 — Martyre de san Bartholomeo. D'après Ribera.

319 — Six lithographies. Belles épreuves. Même cadre. Exposition de 1866.

320 — Six lithographies. Belles épreuves. Même cadre. Exposition de 1866.

321 — Sept lithographies. Belles épreuves. Même cadre. Exposition de 1866.

322 — Environ deux cent soixante-dix épreuves lithographiques pour la Sainte Bible et illustrations diverses.

323 — Trente Épreuves lithographiques coloriées pour l'histoire de Don Quichotte.

324 — Quatre-vingts Épreuves lithographiques non coloriées pour l'histoire de Don Quichotte.

325 — Quinze grandes Épreuves en noir pour l'histoire de Don Quichotte.

326 — Environ 1,350 Épreuves diverses, lithographies exécutées par C. Nanteuil pour chansons populaires et illustrations de divers ouvrages de Hugo, Musset, Béranger, Lamartine, etc., etc.

Ce lot contient plusieurs collections complètes.

## LITHOGRAPHIES & GRAVURES

PAR DIVERS

### Collection de M. C. NANTEUIL.

#### DESHAYES (Eug.)

327 — Bateau échoué.

Crayon noir.

## TONY JOHANNOT

328 — Gravure à l'eau-forte.

## DIVERS

329 — Faust. Tragédie de Gœthe, illustrée par Eug. Delacroix.

Édition Motte et Sautelot. 1828. 1 vol.

330 — Sonnets et Eaux-fortes. Édition Lemerre, 1869. Imprimerie Claye.

Il a été tiré 350 exemplaires de cet ouvrage.
Les planches sont détruites.

331 Œuvres de Goya. Volume de gravures contenant 80 eaux-fortes par Goya.

332 — Les Jours de la Semaine. Gravures par W. Haussoullier, d'après Ingres. Sept Eaux-fortes.

Belles épreuves.

333 — Les Artistes anciens et modernes. Lithographies et Eaux-fortes, par Nanteuil, Français, Mouilleron, Baron, Eug. Leroux, Gavarni. Ch. Jacques, etc. Numéros 1 à 240. — Huit volumes complets.

334 — Cent cinquante-deux Épreuves. Lithographies. Reproductions d'après les artistes anciens et modernes, par Baron, Français, Eug. Leroux, Mouilleron et Nanteuil.

335 Environ quarante Gravures par et d'après Decamps, J. Stevens, Courtry, Rembrandt, Hédouin, Chaplin, Braquemont, Millet, Ch. Jacques, Leys, H. Browne.

336 — Environs quarante-cinq Lithographies par et d'après Hédouin, Mouilleron, Marilhat, J. Dupré, J. Stevens, Français, Decamps.

# OBJETS D'ART & DE CURIOSITÉ

## TAPISSERIES

337 — Très-grande et belle tapisserie des Gobelins du temps de Louis XIV, représentant le Triomphe d'Amphitrite. — Haut., 3 m. 80 cent.; larg., 5 m. 80 cent.

338 — Autre grande et belle tapisserie du temps de Louis XIV, représentant un sujet allégorique de la Paix. — Haut., 3 m. 70 cent.; larg., 6 m. 40 cent.

339 — Tapisserie de la Renaissance, à figures et animaux dans un paysage. Bordure composée de cariatides, de médaillons, etc. — Haut., 3 m. 30 cent.; larg., 5 m. 10 cent.

340 — Très-joli panneau en tapisserie de Beauvais, à sujet de style oriental d'après Leprince. Époque Louis XV. — Haut. et larg., 2 m. 70 cent.

341 — Portière Louis XV en tapisserie de Beauvais, à sujet de même style que le panneau qui précède. — Haut., 2 m. 53 cent.; larg., 1 m. 20 cent.

342 — Deux portières en tapisserie.

343 — Grand morceau de tapisserie, dite verdure.

## OBJETS VARIÉS

344 — Jolie console Louis XVI en bois sculpté et peint en blanc, à dessus de marbre.

345 — Secrétaire en laque noir à dessus de marbre.

346 — Quelques pièces de faïence ancienne.

347 — Sculptures diverses en bois et en terre cuite.

348 — Armes anciennes.

349 — Quelques ustensiles d'atelier.

350 — Glace (cadre italien).

## ETEX

351 — Tombeau de Géricault (modèle bronze).

www.ingramcontent.com/pod-product-compliance
Ingram Content Group UK Ltd.
Pitfield, Milton Keynes, MK11 3LW, UK
UKHW032009260826
14628UKWH00005B/2386

9 782329 501956